蘇聯的現代化為何會從在地底下懸掛吊燈開始做起，我不知道原因。我只知道每當我到了地底下，就覺得自由自在，無拘無束。

——卡列茨基（Alexander Kaletski），《地鐵》（*Metro*），一九八五

7 傻瓜與道路——

俄羅斯。莫斯科

我的計程車司機仰身往椅背一靠，遞給我一根菸，我就知道這下有得等了。我婉拒了他的好意，於是他聳聳肩，自己點起一根抽了起來，滿是曬斑的左臂懸垂在車窗外，目光跟隨著對街人行道上一名身穿緊身套裝的長腿女子。我沒有埋怨他的二手煙，因為這時有一股風徐徐吹過車內，而且萬寶路香菸的菸草味也比怠速停在我們旁邊的蘇聯時代貨車噴出的廢氣好聞許多。我看著一縷縷如同棉絮般的白色種子飄盪而過，聚積在停佇不動的拉達（Lada）與雷諾轎車的車輪邊，有如積雪。

我們陷在車陣裡動彈不得的地方，是莫斯科花園環道（Garden Ring Road）的一條中間車道——花園環道是莫斯科一連串相互連接的大道，以克里姆林宮為中心繞成一圈，半徑約一英里半。我與人相約在紅場附近的一家咖啡廳碰面，因為眼看即將遲到，於是請飯店服務人員幫我打電話叫了一輛計程車。如果不打電話叫車，還有一個選擇，就是搭乘「恰斯尼克」（chastnik）——這是一種沒有登記的私營計程車，只要在人行道上伸手指向地面，就可攔車搭乘。不過，我對自己討價還價的技術沒有信心。這部計程車是一輛黃色的福特佛卡斯二代（Focus II），司機聽了我說俄語的口音不禁蹙起眉頭。不過，我一在地圖上指出我的目的地，他就應了「好，好」兩聲，接著示意我從後門上車。順利行駛過三個街區之後，交通突然陷入停滯，於是我們就這麼地停了十分鐘之久，完全靜止不動。身穿紅色緊身套裝的那名女子早已消失無蹤。她善用自己的長腿，走進行人地下道。

被困在莫斯科的車陣裡，就像是以前的蘇聯民眾排隊等著買麵包一樣——在無窮無盡的等待當中，令人不禁沮喪地省思起系統失靈的困境。在共產主義即將垮台前的最後幾十年間，拉達與莫斯科人（Moskvitch）等車廠設計的盒形車輛，雖然在陶里亞蒂（Tolyatti）這類俄國版的底特律市鎮大量生產，想買車的民眾卻可能得等上十年才輪得到。共產主義崩垮後，備受痛恨的居住許可制度——一套限制莫斯科居住人口的制度——隨之廢止，於是烏克蘭人、俄羅斯鄉下民眾以及中亞人口紛紛湧入首都，而且全都熱切想一償許久以來不得實現的夙願：購買象徵個人獨立主權的汽車。市場上滿是進口的日本車與德國車；接著，福特、豐田與雷諾紛紛在俄國本土設立工廠以規避進口關稅。一九九〇年，莫斯科的登記車輛共有四十萬輛。這個數字如今已高達四百萬，俄國交通部還預期在二〇一五年前還會倍增。

莫斯科根本沒有空間容納這麼多汽車。在美國蔓延最廣的汽車城市當中，為了讓車輛可移動而規劃興建的高速公路、交通幹道與狹小街巷的交通基礎建設，可能占據高達百分之三十的土地面積。在莫斯科，交通基礎建設只占土地面積的百分之九，但新車卻仍以每年三十萬輛的速度持續湧入城內。莫斯科人顯然生活在一種集體幻想之下，認為他們能將亞特蘭大或休士頓的車輛塞進一座面積只有巴黎或柏林大小的城市裡。

可想而知，此舉帶來的結果就是生出一座交通煉獄。在莫斯科市中心，平均行車速度已下滑至每小時十三英里，與曼哈頓行駛速度最緩慢的公車一樣快。由於路邊沒有付費停車格，因此駕駛人都將車子停在行人穿越道上和公寓大樓門前，逼得行人得走在馬路上。市級政治人物曾經認真考慮採用德國的做法，在住宅公寓大樓的屋頂上鋪設道路，或是在鐵路上架設雙層快速道路。現在，莫斯科人必須忍受全世界時間最長的交通延滯：他們每三年至少會有一次被困在車陣中達兩個半小時，而塞車現象對莫斯科造成的經濟損失，也高達每年十三億美元。二〇一一年新年之前三天，降雪加上假日購物人潮造成驚人的車陣，若是將塞在街道上的所有車輛頭尾相接，形成的車鏈將可越過阿爾卑斯山脈，一路延伸至巴塞隆納。許多莫斯科人乾脆直接下車離開，幾天後再回來把車子從雪堆裡鏟出來。

我之所以到莫斯科來，一部分的原因是想看看在汽車迅速普及的開發中國家，會有何種交通狀況。在拉哥斯與曼谷這類巨型城市裡，平均行車速度都僅與步行相當；聖保羅日常塞車的車陣長度即可達到一百六十英里，以致富人都改以直升機代步；在孟買，汽車駕駛人若想穿越市區，必須預估三個小時的行車時間。（在二〇一〇年的南亞運動會，印度的冠軍選手就因為塞車而趕不上閉幕典禮。）在莫斯科一條快速道路的中間車道上望著車窗外，我立刻發現眼前的景象和上海、印度的海德拉巴或約翰尼斯堡大同小異：都是在多線道的馬路上停滿轎車、卡車與廂型車，全部動彈不得，車上的乘客焦急不已，駕駛人更是懊惱至極。在一座座巨型城市中，唯一不同的似乎只有汽車廢氣的味道以及車身上的品牌商標。

不過，我後來發現，莫斯科其實有一種保證有效的方法，能讓人直接穿越壅塞不已的車陣。我們後方突然傳來一陣警笛聲，接著便看到後照鏡映照著閃爍不停的紅藍燈光。三輛黑色賓士車從我們旁邊駛過，不斷閃避著迎面而來的車輛。我的計程車司機喃喃咒罵一聲，朝那組車隊的方向彈出菸蒂。只見那三輛車憑著刺人耳目的燈光與聲響，在車道間硬闖出一條路來。

「密考基？」我重複了司機的話，還以為他說的是哪個高官的名字。

「密考基！密考基！」他高呼道，一面指著那三輛車的車頂，一面模仿著警笛聲。

「密考基」（Migalki）指的是俄國菁英人士的寶馬或賓士轎車車頂那足以引人癲癇發作的閃爍燈光。依照官方規定，全俄國只有不到一千名重要人物——包括普丁與俄羅斯正教會主教長在內——有權使用車頂閃光燈，而且也只有執行公務時可使用。然而，在某網站展示的素人照片當中，光是莫斯科地區就可見到一千兩百部裝有車頂閃光燈的車輛。莫斯科人說，只要一萬美元就能在黑市買到車頂閃光燈的安裝許可證——既然可保證行車通暢無阻，這樣的代價可說相當合理。在一則廣受報導的事件當中，一名年輕女子在遭到一輛由警車護送的賓士車催逼下拒絕讓路，結果那輛賓士車的駕駛竟尾隨女子回家，出言威脅要吊銷她的駕照——後來有匿名人士爆料指稱，那輛賓士車的駕駛人是俄國檢察總長的二十一歲兒子。在另一件事故裡，俄國最大石油公司的副總裁開著裝有車頂閃光燈的賓士車撞上一輛雪鐵龍，導致對方車上的駕駛及其媳婦雙雙喪生，那兩人都是醫生。民眾對於權貴階層的此等劣行深感厭惡，於是一個名為「藍桶協會」（Blue Buckets Society）的團體推動了自發性的抗議活動，發送印有「公僕們，請撤掉車頂閃光燈！」字樣的保險桿貼紙。該團體的成員也曾經頭戴掩飾身分的水桶，成群跑上並排停放在克里姆林宮外的豪華轎車頂上用力踩踏。

塞車到現在，我距離和人相約的時間已經遲到半小時了。困在十二線道的車陣當中，我不禁對人行道深懷渴望，就像划著木筏卻身陷危險礁石當中的水手渴求著陸地。就在此時，我突然看見救星：不到兩百碼外，一個優美的紅色「M」字母頂在一根柱子上，旁邊還有個箭頭，指向一道沒入人行道地面下的階梯。

我往前一傾，指向那面指標。「地鐵！地鐵！」

計程車司機馬上明白我的意思，幾分鐘內就設法將車開到路邊。我遞給他一百盧布，隨即下車衝往地鐵站。

果戈理（Nikolai Gogol）曾經寫道，俄國只有兩項不幸：一是傻瓜多，一是道路多。我已修完了瞭解俄國的第一課：在莫斯科，只有傻瓜才會使用道路。真實的人生、真正的移動，都得在地底下才找得到。

巴洛克集中營

我來莫斯科不只是為了見識街道上的煉獄，也是為了目睹地底下的天堂。紐約的地鐵頑強不屈、倫敦的地鐵歷史悠久、巴黎的地鐵耀眼奪目，但我聽說莫斯科的地鐵有我在都市大眾運輸系統中不曾見過的特色：毫無保留、徹徹底底的壯麗輝煌。

我知道我需要找個導遊帶我參觀這座延伸廣闊的博物館。年近三十的安娜絲塔席亞精通英語和法語，自告奮勇為我擔任嚮導，於是我們相約在一家環繞在音樂學校之間的咖啡廳前會面，此處距離克里姆林宮的大門只需步行十分鐘。

我為遲到向她道歉。「你搭了計程車？」她說：「以後記得搭地鐵，地鐵最快了。你不論想到莫斯科什麼地方，搭地鐵都不超過三十分鐘。要是搭車，就完全無法確定了。」

我們的導覽之旅始於共青團站（Komsomolskaya）。途中，我們停下腳步為一支衣著邋遢的弦樂團所演奏的莫札特小夜曲鼓掌喝采，接著跟隨群眾的腳步來到一座天花板挑高的前廳排隊買票。輪到我時，安娜絲塔席亞在我耳中輕聲吐露一句通關密語；我複誦一次，售票亭玻璃後方的女子就遞了一張硬紙板車票給我。

安娜絲塔席亞教我的那句話是「十張票」的俄語。我就以這句話敲開了莫斯科的大門。

她走在我前面，對我説明指出，每一座地鐵站都有幾個相同的特色。首先，你一定會來到一排收票閘門前，而且必然有神情嚴肅的中年女子在旁看守。乘客稀少的時候，這些身穿制服的女服務員就會坐在樹脂玻璃售票亭裡玩字謎遊戲。一到尖峰時刻，她們就會像凶猛的小狗兒一樣跑來跑去，吹口哨警告逃票者與違反規則的人士。（我們看到一個長髮婦女，身穿花朵圖樣的喇叭褲與亞麻夾克，牽著一隻大型黑色獅子狗正穿越閘門；儘管有一名女服務員在旁大喊要她不得帶寵物進入車站，卻還是徒勞無功。）第二，你一定會看到許多梯階豎板仍由木條構成的手扶梯，扶梯不但移動速度快、而且深深通往地底。（速度非常快，通往地底的深度也非常深。舉個例子，勝利廣場站〔Park Pobody〕是全世界最深入地底的地鐵站，其手扶梯的移動速度不但是倫敦地鐵的一．五倍，而且儘管如此，還是得整整搭上三分鐘才會抵達位在街道底下三十二層樓深的月台。）我們穿梭在繫著領帶的企業人士、身穿制服的學童以及工作服上沾滿油漆的工人之間，腳底下的震動感覺有如一串持續許久的擂鼓聲，準備為我們帶來壓軸的一幕：也就是莫斯科大多數地鐵站在抵達月台之前都會先經過、有如男爵宅邸內炫耀功績的廳堂的中央大廳。

「每一座中央大廳都有不同的裝飾，」安娜絲塔席亞邊説邊領著我走進一座史達林時代末期風格的世俗殿堂裡。兩排大理石面的柱子，上方有著科林斯式的柱頭，撐起一片鮮黃色的拱形天花板，垂掛著巨大的圓形吊燈，盡頭是個神情高傲的列寧半身像，位於一面鍍金的蘇聯盾形紋章底下。這是一座地底下的巴洛克集中營——黎伯瑞斯的地下室舞廳要是交由政治宣傳家裝潢，[1] 看起來大概就會是這個模樣。安娜絲塔席亞向我説明，共青團站的主題是俄國世世代代以來追求自由的抗爭，從涅夫斯基（Alexander Nevsky）的冰上戰役到蘇聯部隊在德國國會大廈屋頂升起紅旗的事蹟，全都呈現在天花板上一個個精美畫框裡的馬賽克畫中。這座車站在一九五二年啟用時，最後八幅馬賽克畫描繪了五、六名蘇聯顯要將敗戰的納粹旗幟投擲在列寧墓前的景象。隨著每一名政治人物陸續倒台，畫中的人像也一一被拆除：首先消失的是史達林的祕密警察首腦，接著是副總理莫洛托夫，最後是卡岡諾維奇（Lazar Kaganovich），也就是興建莫斯科地鐵最初幾條路線的負責人。赫魯雪夫的去史達林化運動終於帶來徹底的重整：所有人像都取代為皺著眉頭的俄羅斯之母，左手握著鐵鎚和鐮刀，赤腳下踩著一個納粹卍字與一頭老鷹。

「來，來，」安娜絲塔席亞喚著我，只見一班列車抵達月台的一側。「我們還有很多車站要看。」我們搭上環狀線的班車，在下午時分有一半的座位都是空的。莫斯科地鐵的老舊列車沒有什麼特殊之處——這些重型列車全都漆成鉛灰色，行駛在第三軌系統的寬軌鐵路上，由面容嚴肅、薪資過低的司機駕駛——唯一的例外是那無情的車門，關門時有如斷頭台一樣凶悍。令人吃驚的是列車班次的頻繁程度。在每一條隧道的入口，牆上都設有計時器，顯示上一班列車離開後已過幾秒。我很少看到計時器上的數字超過兩分鐘；在尖峰時刻，車班間距更可能短到僅有九十秒——這樣的效率通常只有無人駕駛的自動系統才能達到。大多數列車的長度都是八節車廂，而且莫斯科地鐵每天平均載運的乘客達六百五十萬人次——人潮眾多的日子裡更可能高達九百萬人次——是歐洲載客量最高的地鐵系統。

就全球而言，只有經營東京地鐵的兩家公司能超越此一運量。

安娜絲塔席亞說，尖峰時刻的人潮會讓人擠得很難受。「我不喜歡在人多的時候搭地鐵，」她說。她最糟的一次經驗不是發生在列車上，而是在車站裡，在她正要離開車站的時候。「當時是星期五晚上，我正在前往火車站途中。所有人都要趕去搭火車，可是只有一道手扶梯正常運作。我困在人群當中，折騰了一個小時才得以出站。當然，我根本來不及趕上我的車！」

我們的下一站是新鎮站（Novoslobodskaya）。「我覺得這裡是最美的一座車站，」安娜絲塔席亞說。我看得出這座車站的魅力。這裡的中央大廳由拉脫維亞的藝術家裝飾，以一幅幅的彩色玻璃畫向心智生活致敬——包括一位身穿燕尾服的鋼琴家坐在鋼琴前面、一名知識分子坐在桌前看報、一位手持調色盤的畫家站在畫架前方——再加上銅框、微帶粉紅色的大理石以及暖色調的照明，因此讓人覺得彷彿置身在一座通風良好而且由天窗採光的中庭內。

我發現，輕盈的感受在馬雅科夫站（Mayakovskaya）最強烈。這座車站的名稱取自馬雅科夫斯基（Vladimir Mayakovsky）——一位走遍世界的未來派詩人，後來對史達林主義的現實狀況感到幻滅，結果因為申請出國簽證遭拒而以槍射擊胸口自殺。這座車站的主題是「在蘇聯人國土上的一天」，中央大廳的天花板共有三十幾個穹頂，每個穹頂的中心都妝點著一片橢圓形的馬賽克拼貼紋章。安娜絲塔席亞教我該怎麼站在紋章下方才是正確的欣賞方式，就像東正教大教堂的穹頂上那種全能之主的畫像，也必須站在適切的位置才能充分欣賞天主那雙無所不見的眼睛。每片紋章都描繪了一幅激勵人心的俄國天空圖像：一艘飛船飛過一棟頂端鑲有紅色星星的摩天大樓上空、一架轟炸機飛越電線、身穿深紅色服裝的滑雪者從松樹頂上飛躍而過。令人印象深刻的是，只要沿著月台走，就會發現紋章的色調也逐漸改變，一開始是天亮前陰鬱的藍色與灰色，中央是正午的黃色與白色，尾端則是又回到昏暗朦朧的色調。

根據主要規劃者卡岡諾維奇的說法，莫斯科地鐵的用意在於駁斥資本主義國家那種「沉鬱、單調又淒涼的」地鐵。他刻意挑高車站的天花板，比柏林或紐約地鐵的車站高出一倍，並且加上各種裝飾，以便為乘客「提供舒適的感受，使其精神為之振奮，得到藝術上的喜悅」，讓他們覺得「彷彿置身宮殿內」。隨著我們繼續探索，驚嘆地欣賞以不鏽鋼包覆的圓拱，以及來源不同的大理石——這些大理石有的遠從高加索山脈與烏拉山脈運來，有的則是從原本的救世主大教堂拆卸下來——我不得不承認共產地鐵的規劃者確實在這方面勝過其他國家。莫斯科地鐵雖然不乏品味低劣之處，全世界卻只有這套地鐵系統抱持這樣的設計目的：讓遭受虧待已久的大眾運輸乘客，能在這裡獲得情操與精神的提振。

莫斯科人也仍然鍾愛他們的地鐵。許多人都會在月台上逗留，也會與朋友相約在寬敞的中央大廳碰面。我們的最後一站是革命廣場站，裡頭共有七十六具真人大小的雕像，全是蘇維埃聯邦崇仰的英雄人物——例如將捲成一捆的藍圖握在手裡的工程師，以及一手拿書、一手持槍的女學生——或蹲或坐地立在紅色與褐色的大理石圓拱底下的方形基座上。我們注意到一座邊境衛兵的雕像臂下挾著一條雙耳豎直的德國狼犬，狗兒的鼻頭被擦得晶光閃亮。這時正有一名身穿緊身牛仔褲的年輕女子摩挲著那隻狗兒的鼻子，我們於是問她為什麼這麼做。「當然是為了求好運呀！」她對安娜絲塔席亞說。

我們的旅程結束於環狀線上的庫爾斯克站（Kurskaya），以該站的八角形前廳為終點。在通勤人群的頭頂上，蒼白的女像柱伸出手臂，指著柱頭上方環繞於大廳周圍的古斯拉夫文字。

我問安娜絲塔席亞那些文字是什麼意思。「那是蘇聯國歌的歌詞。」她仰頭唸出文字內容：「『史達林教導我們對人民效忠；他啟發我們努力勞動、成為英雄。』這是舊的歌詞，現在應該已經改了。」

她吟唱了一小段俄國去共產化之後的國歌，現在的歌詞頌揚的是「神聖的國家」與「自由的祖國」。

「沒錯，」她說，露出一道自嘲的微笑。「音樂沒變，可是歌詞改了。」

回到地面，在二十四小時營業的鄧肯甜甜圈（Dunkin' Donuts）門市、賓士轎車的廣告看板，還有穿著迷你裙發送免費罐裝可口可樂的女孩之間，我們互吻臉頰道別。兩張全日票就讓我們得以走訪這座博物館——這座共產革命的羅浮宮——欣賞其中那些早已被人遺忘的意識形態，總共只需四十四盧布，一個人還不到七十八美分。

興建社會主義地鐵

莫斯科地鐵是一套帶有命題的大眾運輸系統，用意在於證明共產主義式的中央計畫更能滿足人民的日常交通需求，而且遠勝過資本主義興建的那種擁擠又缺乏效率的地鐵。

到了一九二〇年代，莫斯科本身的存續已然陷入疑問。這座城市已從早期的狀態成長為一連串的同心圓堡壘，由克里姆林宮向外擴張，最後的一道要塞自從十四世紀以來就以各種不同形式構築於莫斯科河上。俄國在十八世紀揚棄莫斯科，遷都於預先規劃且帶有歐洲風味的聖彼得堡，莫斯科於是成為一片缺乏管理的區域，有著洋蔥形圓頂的教堂與修道院、一樓是店面的巴黎式公寓街區，以及經常因為失火而導致整個鄰里付之一炬的易燃木構建築。一八五〇年之後，鐵路的興建促成別墅區外圍的發展，於是一叢叢的夏季別墅不久之後便淪為污穢的工業村莊。在一九一七年革命之後的混亂當中，莫斯科成為一座布爾什維克的鬼城，原本的兩百萬人口有半數全逃出這崩頹的城市，移居鄉下。

後來，莫斯科人逐漸回到這座蘇聯首都，才發現這裡的運輸系統一團混亂。私人的出租馬車與少數的機動化計程車全被國家沒收，而在二十世紀初期收歸市政府所有的電車系統，則是跟不上蘇聯為了追求工業化而興建的千百座工廠與磨坊。在人滿為患的電車上，斷肢與死亡事故成了日常現象。即便在莫斯科市鐵路信託基金受到「普羅大眾接管」之後，工人還是得面臨長達四個小時的通勤時間。另一方面，有個名為「反都市主義者」、頗具影響力的團體，則是呼籲大眾揚棄擁擠的城市，遷居至健康的鄉間——這項計畫讓人聯想起萊特的廣畝城市——並且質疑大眾運輸的必要性，聲稱倫敦與紐約地鐵都是對勞動階級的剝削，將通勤乘客變成「人肉粥」。這些烏托邦社會主義的都市計畫師指出，在住宅短缺的時刻興建地鐵，簡直是「買一頂高帽子給一個沒褲子穿的人」：如果非得撐起奄奄一息的城市，那麼行駛於橡膠輪胎上的公車不但價格比較低廉，也更有效率。（威爾斯認同這項看法，並且建議蘇聯投資購置一千輛倫敦公車。）

不過，莫斯科絕非奄奄一息。到了一九三〇年代，這座城市的成功卻害了自己。隨著農夫難民湧入城裡尋求工作，莫斯科於是如同一八五〇年代的倫敦與一八八〇年代的紐約一樣陷入瓶頸，四處可見的交通壅塞扼抑了這座城市發展為工人烏托邦的進程。到了一九三一年，初掌權不久的史達林領導班子認定反都市主義者的計畫乃是近乎狂熱主義式的胡說八道，從而宣稱城市——連同地鐵——是共產主義未來發展的關鍵。長相俊美又深富魅力的卡岡諾維奇在當時是史達林的左右手，奉命負責興建「世界最佳的地鐵」。

然而，當時似乎沒有人知道該怎麼興建地鐵，連搭過地鐵的俄國人都沒幾個。卡岡諾維奇本身是個製靴匠，俄國唯一的一名地鐵專家又因為涉及經濟破壞活動而被關在牢裡。（從政初期擔任卡岡諾維奇副手的赫魯雪夫，在回憶錄裡坦言：「我們把地鐵視為某種近乎超自然的東西。我想，我們今天思考太空飛行，還比當初思考興建莫斯科地鐵容易得多。」）第一座車站的興建工程始於一九三一年十一月，由十幾個工人以鐵鍬與鶴嘴鋤開鑿冰凍的地面。

不過，比起資本主義國家的市政府，蘇聯莫斯科的主政者擁有兩大優勢：毫無限制的徵收權力以及龐大的勞動力來源。經過幾個月的緩慢進展之後，地鐵被宣告為「重大」計畫，其工程師享有優先取得物資與人力的權利。為了興建第一條路線，數十座教堂與沙皇時代的紀念碑悉數遭到拆除，「獵人街」（Hunter's Row）這條熱鬧的徹夜市集街道也不得倖免。一開始，位置較淺的車站在興建過程中挖破了自來水總管、造成路面出現陷落的大洞，也導致建築物倒塌。為了避免造成街道上進一步的混亂，史達林於是下令將地鐵挖深一點，建造在地面下四十五英尺之下的侏羅紀地層當中。那位關在牢裡的地鐵專家獲得釋放；在一九三三年，數以千計的共青團員開始挖掘隧道——這群工人當中包括許多女性，在日常工作中不斷遭到男性同僚的逗弄與騷擾。後來，數以萬計以週六為安息日的基督教徒投入興建工作，工程進度於是又進一步加快——為了答謝這些教徒為祖國榮光而志願付出的努力，他們每個人都獲得了一張地鐵票，可在地鐵完工之後免費搭乘一趟。在全盛時期，第一條地鐵線曾有七萬四千名工人，平均年齡二十三歲。由於他們沒有氣動鑽孔機，因此隧道全靠著人力以十字鎬和鐵鍬挖掘而成。

不同於史達林時代的其他重大計畫，例如由勞改營囚犯挖掘而成的莫斯科—窩瓦運河，莫斯科地鐵的興建工程並沒有採用強迫勞動力。不過，工人每天的食物配給只有幾百公克的肉類、麵包與食用油，而且必須在草率搭建且暖氣供應不足的宿舍裡過夜。許多人整天待在積水深達腰部的隧道裡，而且氧氣濃度經常低得連火柴都點不起來。即便是滿懷理想的共青團員也對這種工作狀況驚恐不已，導致有將近半數的成員都沒有報到上工。

儘管如此，第一條線還是在一九三五年完工，蘇聯領導階層於是大肆宣揚，指稱蘇聯人的心靈手巧使得世界上最重大的一項工程計畫能在創記錄的時間內完成。事實上，這條長達七英里的地鐵線比巴黎地鐵的一號線多花了一倍的施工時間，而後者不但長度與前者相當，雇用的工人更只有前者的二十分之一。此外，蘇聯的工程師顯然比較擅長欺詐，而不是真正的創新。德國的西門子預期會有一大筆訂單，因此提供了一輛地鐵列車樣本給蘇聯工程師，結果他們將那輛車徹底拆解開來，仿造了一輛，然後滿懷感激地將樣本車還給西門子。他們又以大筆訂單的承諾誘使手扶梯製造商奧的斯（Otis）透露許多技術細節，而得以自行製造出蘇聯的版本。（莫斯科地鐵那些著名的手扶梯幾乎與倫敦地鐵站裡的一模一樣。）潛盾隧道工法來自英國，水泥灌漿之前先冷凍土壤的做法則是借自德國。不僅如此，這套新的社會主義大眾運輸系統其實速度也不太快——列車的時速最快達十六英里，紐約市的快捷列車早在三十年前就已可達到三倍以上的速度。

況且，至少在一開始時，興建地鐵的那些工人根本負擔不起地鐵的票價：一張單程票的票價為五十戈比（kopeck），相對於一般工人的收入，等於比紐約地鐵的五分錢票價高出十倍。（莫斯科地鐵的票價在第二次世界大戰後降為五戈比，今天更是全球各大城市地鐵當中票價最低的一套系統。）莫斯科地鐵的車站相距很遠，至今仍平均有一英里，也就是說，許多莫斯科人都得走上很長一段路才能使用大眾運輸，冬天更必須在這樣的徒步路程上忍受酷寒天氣。整體而言，興建第一條地鐵線總共消耗了五分之一的莫斯科市預算，而且當時不但正逢全國各地飢荒盛行，莫斯科全市也都面臨住宅短缺的狀況。

儘管如此，莫斯科地鐵還是有某種不可否認的特殊之處。「這是第一座嘗試體現美感的地鐵，」《紐約時報》在莫斯科地鐵啟用之後如此坦言。莫斯科地鐵以潔淨無瑕著稱：據說莫斯科人寧可將痰吐在別人的外套上，也不願吐在地鐵站的大理石地板上。儘管這座地鐵原本並未打算做為防禦工事，卻因為車站深入地底，而得以充當防空洞——第二次世界大戰期間，有將近三百名嬰兒出生在地鐵車站內——基洛夫站（Kirov）還成了史達林的軍事指揮基地。[2]

莫斯科的環狀線在一九五〇年代初期完工，目的在於將從中心向外發散的各條路線連接起來。（有一項幾乎可確定是捏造的傳聞指出，這條路線是因為史達林滿懷厭惡地將一只咖啡杯重重摜在一份規劃藍圖上造成的結果；不知情的工程師誤以為杯底留下的咖啡漬是一道命令，環狀線於是就此誕生。）在赫魯雪夫執政下，史達林式的好大喜功取代為現代化又潔淨的路線，但近來又開始回歸繁複設計的傳統。十號線上的杜斯妥也夫斯基站（Dostoyevskaya）啟用於二〇一〇年，車站裡有一幅整面牆的肖像畫，繪出寫下《罪與罰》的那位作者。此外，全世界也絕對只有這座大眾運輸車站會在正式的裝飾作品當中，以壁畫描繪一名自命虛無主義者以斧頭砍死一位年老的當舖老闆。

最重要的是，莫斯科地鐵證明了都市地鐵系統不一定只能陰鬱、狹隘而擁擠。「在這裡，政府決定對人類的心靈與精神賦予對政治與利潤同等的重視，」俄國出生的作家費許曼（Boris Fishman）寫道：「在這裡，平常被迫必須在表面上裝出熱切態度的蘇聯人民，可以暫時讓自己私下的自我與外顯的自我取得和諧；在這裡，即便是蘇聯夢也仍未消失。」

當然，今日的莫斯科地鐵已成蘇聯夢的陵墓。然而，儘管興建莫斯科地鐵付出了巨大的社會代價，這卻是一項深富遠見的投資。在新莫斯科的廣告看板與賓利代理門市之下，史達林時代的古老設施依然持續運作。而且，那種昔日蘇聯號稱自己體現的價值體系，如今可能也只有在莫斯科地鐵當中才能得見了。

某天上午，我站在環狀線一班列車裡，身旁有個少女坐在長凳椅上，聽著MP3裡的電子流行樂，腳隨節拍輕踏著地板。在白俄羅斯站（Belorusskaya），一個身形嬌小的老婦人筆直走到那個少女面前，下巴微微一揚，以這個簡潔的動作同時表達命令與譴責的意味。那個少女立刻從座位上跳了起來，彷彿被趕牛杆戳到似的。於是，那個老婦人露出滿意的神情，大搖大擺地坐上椅子。我每天都看得到類似情景。地底下沒有「密考基」，沒有富人能用來爭先搶道的閃光燈；這裡仍然保有老式的社會價值觀，老弱殘疾者仍可獲得他們應得的體貼。

所幸，政府官員非常明白地鐵對持續運作這座首都有多麼緊要。現在，莫斯科地鐵共有十二條線與一百八十二座車站，而且年年仍然不斷增建軌道。此外，車資收入占總營收的百分之七十，也就是說地鐵只需要國家提供少量的補助。

莫斯科地鐵的建造者雖然沒能證明共產工人的理想主義終可造就全世界最優質的地鐵，卻顯示了尊嚴乃至宏偉的特色也能融入大眾運輸當中——而這點絕對是一項超越意識形態的成就。

地底下的恐怖事件

任何人都可一眼看出這一點：莫斯科人不只喜歡他們的地鐵，更引以為傲。連炸彈也阻止不了他們使用地鐵。

二〇一〇年三月二十九日，正值晨間的交通尖峰時刻，正當通勤乘客在盧比揚卡站（Lubyanka）步下一班人滿為患的列車之際，現場突然發生爆炸，導致二十六人喪生。四十分鐘後，文化公園站（Park Kultury）的另一場爆炸又造成十四人喪生、數十人受傷。媒體將監視器拍到的作案嫌犯稱為「黑寡婦」，後來才知道她們原來是來自高加索地區的伊斯蘭分離主義者，在下車之際引爆綁在自己身上的炸彈。

如果是世界上其他任何一座大都市，一旦遭遇這樣的屠殺行動以及隨之而來的恐慌——每一枚炸彈都含有許多螺絲釘與三磅重的炸藥，而且爆炸之後引發的逃難人潮也導致數十人遭到踐踏致死——必然不免陷入徹底癱瘓。不過，即便在第二枚炸彈爆炸之後，莫斯科地鐵的管理當局仍然拒絕關閉地鐵系統。他們坦承，一旦關閉地鐵，將會導致莫斯科的街道陷入一片混亂。即便在沒有關閉地鐵的情況下，尖峰時刻的地面交通也早已嚴重打結，以致救護車無法抵達爆炸現場。於是，傷者只好由直升機送往醫院。

我在爆炸案發生後的兩個月造訪莫斯科，心中暗自擔憂地鐵系統會不會空無一人，或是只有少數死氣沉沉的乘客。不過，在寬敞的中央大廳裡——即便在地面上燠熱不已的時候，這裡仍然涼爽；而在地面上陰雨黑暗的時候，這裡也仍然溫暖明亮——還是有許多人正等著朋友，在手機上打簡訊。從他們的模樣看來，地鐵儼然是最宜人的公共空間。在盧比揚卡站的中央大廳，有人在地板上放了一朵由塑膠包裝紙包著的紅色玫瑰，這是唯一向眾人提醒那場爆炸案的東西。莫斯科人這種對危險毫不在乎的表現令我深感好奇，我於是問了一些人，想瞭解他們對於搭乘地鐵的態度有沒有因為爆炸案而改變。

在盧比揚卡站外——也就是第一枚炸彈爆炸的那座車站——一名六十歲出頭的婦女穿著褪色牛仔褲、涼鞋以及一件皮革補釘的休閒夾克，正從皮包裡取出一疊傳單。她身後矗立著前ＫＧＢ總部，建築正面是一片森嚴的芥末黃。現在，這幢建築物已經成了聯邦安全局的總部。

那名女子名叫帕芙洛娃，她說她從小就習慣搭地鐵。現在，她住在莫斯科北部市郊，接近塞吉耶夫鎮（Sergiyev Posad）——俄國最大的修道院所在地。週間的每一天，她都會搭乘通勤列車到共青團廣場，再轉搭地鐵。這趟旅程需時約一個半小時。

「我有個阿姨住在莫斯科市中心，她已經八十四歲了，」帕芙洛娃說：「因為她無人照顧，所以我都會來陪她。我們每個人有朝一日都會變成那樣——你不可能永遠年輕。」

為了彌補退休金的不足，帕芙洛娃於是打點零工向路人發送傳單。炸彈在盧比揚卡站爆炸當時，她已經離站上街工作了。「不到十分鐘，大家就都知道有事發生了，」她說：「許多人從地鐵站裡出來，全都嚇壞了。」我問她那天是不是搭乘地鐵回家。「當然啦！只有市中心受到波及，其他地方都沒有問題。」我問她害不害怕。「不會！我在莫斯科比較怕坐汽車，汽車更危險。我先生以前有一輛車，可是他已經死了二十年了。地鐵是最好的交通方式，從來沒出過問題。有時候車上乘客太擠，可是你只要等個一分鐘——馬上就有下一班車。」

帕芙洛娃向我告退，指稱她還得工作。我於是離開了她，只見這位嬌小的灰髮婦女在人行道上努力向步履匆忙的上班族發送減重課程的傳單。

在文化公園站外——這是第二枚炸彈爆炸的那座車站——艾嘉拉羅娃正享受著陽光。這名十八歲少女是莫斯科語言大學的學生，她戴著大大的圓形墨鏡，正努力讓自己放鬆，以便待會兒到學校受測。她說她都從雙親位於布拉格站（Prazhskaya）附近的公寓搭乘灰線通勤上課，通勤旅程並不辛苦：一週六天，她都在上午八點出門，九點抵達學校。

「謝天謝地，爆炸案發生那天我生病了，」她說：「我想我算是很幸運吧。我們學校有兩個人在當天喪生。大家都捐錢給他們家人，而且接下來九天，地鐵站裡都有人擺花悼念。」她知道有些學生在爆炸案後的幾天內不敢搭地鐵。「可是並非每個人都有錢每天搭計程車。」我問她會不會想買車。「應該不會。就算有人給我一輛車，我想我也不會開。交通太擁擠了，而且地鐵比較快。」我告訴她，要是同樣的事件發生在北美洲，許多人一定會從此再也不搭大眾運輸。「俄國人算是滿勇敢的吧，我想。不過，說真的，我們沒有其他選擇。生活還是得繼續過下去。」

這種冷靜的態度普遍可見。一位名叫弗拉迪米羅維奇的營造工地主任在爆炸案發生當時人正在地鐵上。「我差十五分鐘就會被第二枚炸彈炸到。當時我剛走出車站，就在文化公園這裡，」他說。年近六十的他蓄著一道濃密的鬍鬚，已逐漸轉為灰白，身上穿著一件熨得筆挺的藍色襯衫。他筆直站在一旁，平靜地望著車站外的人群，尋找他的同事。「我看到特種情報人員衝進車站裡，他們全都穿著一身黑衣。不過我就離開了，因為我當時趕著去開會。」當天他後來還有搭地鐵嗎？「當然啦，」他說：「沒什麼問題的，我以前是上校，是戰車指揮官，八〇年代的時候在阿富汗打過仗。我在戰爭中看過更慘的狀況。」弗拉迪米羅維奇擁有一輛福特蒙地歐（Mondeo），但他說他在莫斯科不開車。「白天開車根本哪兒都去不了，你和別人約會一定沒辦法準時到。我都把車停著，搭地鐵就好。」我問他搭乘大眾運輸會不會被人以異樣眼光看待，因為有些北美城市會有這樣的問題。「不會，」他說：「連中階主管，甚至大企業主都會搭地鐵。」他對這項議題頗感興趣，接著說道：「我看過其他地方的地鐵，例如基輔和柏林的。他們的地鐵都很簡單，像美國的地鐵一樣，沒有任何美感。史達林想蓋一座宏偉的地鐵，結果確實成功了。」

莫斯科人的冷靜也許會讓人覺得有些冷血，但從巴斯克分離主義者在馬德里百貨公司犯下的爆炸案乃至愛爾蘭共和軍以炸彈攻擊酒吧的事件，都市恐怖活動在歐洲確實歷史長久。二〇〇四年的馬德里中央車站爆炸案造成將近兩百人喪生，次年發生在倫敦公車與地鐵上的爆炸案，也造成超過五十人死亡。

有些人反對地鐵與公車，認為這種大眾運輸工具造成密集的人群，為恐怖分子提供了誘人的目標。不過，同樣的論點也可以套用在遊艇、超級盃、購物中心以及春假期間的德通納海灘（Daytona Beach）。萊特就是抱持這樣的思考邏輯，才會提倡以廣畝城市做為避免美國人遭到空襲的做法；高速公路的擁護者也正是因而鼓吹以低密度的市郊住宅區和防空洞預防核子攻擊。若是以城市將人聚集在一起為由而放棄城市，等於放棄了文明。

我看過手機拍攝盧比揚卡站沾滿血污的大理石以及大廳裡滿是煙霧的影片，也得承認我在月台上候車時，偶爾不免會有一陣恐懼。當然，恐怖分子就是希望他們孤注一擲的行為能引發這樣的恐懼——足以導致整座城市停擺，就算只有幾天也好。這種現象之所以完全沒有發生，就足以見證都市生活的活力。在歐洲，揚棄城市從來不是認真考慮的選項。馬德里、倫敦與莫斯科的居民都證明了一點：因應恐怖主義的最佳方式，就是在第二天照常起床，照常搭乘地鐵、公車或火車。

這樣的想法相當正確。維多利亞運輸政策研究所（Victoria Transport Policy Institute）在二〇〇五年的倫敦爆炸案之後發表的一項研究指出，即便將過去十年來所有恐怖事件納入考慮，搭乘大眾運輸的安全程度，就每名乘客每英里的平均而言，仍然是搭乘汽車的十倍，不論在世界各地都是如此。俄國的道路死亡事故占全歐的三分之二，每天都有一百人死於汽車事故。也就是說，光是在一個國家裡，汽車每四天所造成的死亡人數，就比一九九〇年以來發生在歐洲的所有以大眾運輸為目標的攻擊事件所造成的死亡人數還多。我因此意識到，真正的恐怖並不在地底。在我走回文化公園站的途中，我發現我身周的莫斯科道路上充斥著真正的恐怖現象：超速的權貴、開起車來暴躁不已的光頭青年以及喝醉伏特加的酒鬼，在路上爭相搶道、試圖賄賂交通警察，而且還將他們防彈寶馬轎車開上人行道。

所幸，我的地鐵票卡有些餘額，還能再搭個幾趟。

大眾運輸的意識形態

冷戰期間最著名的一次邂逅發生於索科尼基公園（Sokolniki Park），位於莫斯科地鐵的第一座車站不遠之處。一九五九年，當時的美國副總統尼克森與蘇聯總理赫魯雪夫在一個樣版住宅的廚房裡相會。那個樣版住宅複製了紐澤西州米爾本（Millburn）一棟實際的農場式市郊住宅，然後運到蘇聯展示，以便讓蘇聯民眾窺見美國人的生活型態。尼克森大肆吹噓，指稱樣本住宅裡的奇異電烤箱與電爐、洗衣機以及放在上頭的達詩（Dash）洗衣粉，還有政府補助的二十五年購屋貸款，全都是美國一般的鋼鐵工人負擔得起的消費。赫魯雪夫看到電動榨汁機，隨即露出譏嘲笑容，刻意挖苦地問說美國人是不是也有機器能餵食他們，並且順便幫他們咀嚼。目擊人士指稱那場後來稱為「廚房辯論」的唇舌交戰沒有明顯勝負，但尼克森在照片中充滿自信地指著赫魯雪夫的胸口，強調美國在物質商品上的優越性，終究贏得了這場宣傳戰。

第二天，蘇聯立刻提出反擊。在美國待過相當時日的首席副總理柯茲洛夫（Frol Kozlov）召開記者會，指稱紐約地鐵極為「簡陋」。他指出，美國「地鐵骯髒不已，空氣又很糟糕，非常糟糕。」有個記者問他美國人該以什麼方法解決這個問題，他答道：「我想，大概只能打掉重造吧。」的確，當時紐約地鐵的列車已經使用了四十年，車站又頗為骯髒，搭乘起來的確是相當令人沮喪的體驗。另一方面，莫斯科則是仍然陸續啟用地底下的「人民宮殿」。後來，列寧格勒、布拉格、布加勒斯特及其他東歐集團國家的城市也都興建了現代化、效率良好的地鐵。這類冷戰期間的宣傳交鋒至今仍然迴盪在我們的生活中。在北美洲，汽車與高速公路仍是消費者選擇與自由市場的代表；地鐵及其他形式的大眾運輸則令人聯想到社會主義、大政府與計畫經濟。

威權政體在興建運輸網絡上的確擁有優勢：只要標舉進步的大纛，獨裁政權即可動員龐大的社會與物質資源，像召集奴隸一樣徵用工人，並且運用強大的權力拆除建物、驅逐居民，恣意排除一切阻礙「進步」的人事物。現代的例子斑斑可見：新加坡的大眾捷運系統是效率的表率，由艾斯敦製造的列車充滿未來感，行駛於高架軌道上，在棕櫚樹、住宅社區和企業總部之間穿梭；為了建造這套系統，李光耀率領人民行動黨夷平了透天店面，並將無數家庭強制遷移到蠻橫主義的集團住宅。在短短十五年間便成為全世界地鐵系統里程最長的上海地鐵，同樣是靠夷平歷史社區而建成。西方許多運輸專家欣羨中國的效率，卻沒人認同中國的手段。工人的薪資極低、工作時間極長，福利更是少得可憐。在「公益」的大帽子下——此一概念在中國的定義非常寬廣——緊守自己的店面與家宅不放的居民不是遭到惡棍痛毆，就是被逼得自殺。而且，上海還只是其中一例而已。到了二〇一五年，中國將會耗資一千五百億美元在二十五座城市建造捷運鐵路線；這項地鐵興建計畫不但規模空前，對人命的衝擊更是如此。

當然，中國不僅挖掘地鐵的速度極快，建起水壩與道路也是一樣。這點提醒了我們，威權政體其實無論興建任何大型公共建設計畫都有優勢——包括快速道路。法西斯政府是汽車文化最早的提倡者之一：墨索里尼在一九二四年啟用世界上第一條真正的高速公路；將亨利．福特的肖像供在國社黨總部的希特勒也認為他興建的高速公路是迅速移動納粹部隊的手段，而且讓福斯汽車普及化乃是通往未來的道路。任何一個擁有集中權力的機構，不論是摩希斯的三區大橋管理局還是莫斯科的蘇聯當局，在協調大型公共建設方面都握有優勢——原因就是他們能憑靠進步與公益的名義，將公民的權利踢到一旁不顧。不過，大眾運輸並不會導致多數暴力，就像高速公路與汽車的自由市場也不足以保證毫無羈束的自由移動。法西斯政府興建過許多高速公路，西方工業城市裡絕大多數的早期馬車、電車、高架鐵路與地鐵也都是出自資本主義企業之手。

二十世紀提供了許多證據，顯示獨裁政權確實能建出令人讚嘆的運輸系統。二十一世紀的挑戰是要在民主國家興建良好的大眾運輸系統，而且獲得大眾真正的認同。

歸根究底，莫斯科人之所以喜愛他們的史達林地鐵，並不是因為車站裡滿是鐵鎚、鐮刀以及其他標誌，象徵著一項早已證明失敗的意識形態。他們之所以搭乘地鐵，是因為地鐵速度快、價格低廉，又能讓他們在舒適體面的情況下抵達想去的地方。在這方面，莫斯科的大眾運輸乘客證明了運輸不能再是左派右派的問題，而得是何者能有效運行，以及何者能在都市化程度愈來愈高的地球上永續發展的問題。

乘客

我發現，在莫斯科寬廣的大道上開車，有時候確實也可以是種享受。

我搭著司機駕駛的車輛，極為舒適地朝莫斯科東南方二十六英里處的多莫傑多沃國際機場（Domodedovo International Airport）前進。先前有人警告過我，在俄國趕赴班機可是一大挑戰：因為身陷車陣而錯過班機的俄國政治人物已經不只一位了。不過，我的司機顯然很有福氣，我們不斷通過一個接一個的綠燈。我們偶爾會和一輛長方形的市公車錯身，這公車的造型和鞋盒一樣毫無流線可言。不過，道路大致上相當空曠，前進速度也很穩定。

這點無可否認：置身在一輛賓士廂型車的後座，我不能不讚賞私人運輸的舒適與速度。只要你願意支付必要的代價，即可享有高度的便利與安全感。

過去，尊貴的地位能讓人迅速移動。在大革命之前的法國，貴族都會派遣僕人舉著火把跑在馬車前頭，警告農民讓路。在沙皇時代，俄國貴族的馬車或雪橇則是以鈴聲警告旁人讓路。蘇聯的權貴階層，也就是無產階級專政當中的那些超級普羅成員，則是以伏爾加（Volga）豪華轎車組成的車隊在街道上闖出和舊日貴族一樣的優先路權。

「俄羅斯從來不曾屬於俄羅斯人民所有，」作家費許曼曾經這麼指出：「自古以來，俄羅斯富庶的物產就一直掌握在少數人手中。」

石油大亨與高階官員如今仍與過去的貴族一樣，將道路視為己有，只不過他們用的不是鈴聲和火把，而是以警笛與閃爍的「密考基」將平民百姓趕到一旁。這點一直都是汽車的魅力所在。汽車只不過是大人物的馬車，隨著工業化而在大眾間普及：汽車讓搭乘者能夠不必和城市有任何不悅的接觸——更遑論接觸自己的公民同胞。

威權政體中的少數幸運人士總是為自己賦予優先移動權，這點並不令人意外。不過，在民主國家裡，不論是加州高速公路上的付費專用道，還是巴西豪華公寓屋頂上的直升機起降坪，富人享有的移動特權對我們宣稱的一切平等理想不免會有腐蝕效果。（這正是為何政治人物一旦搭乘大眾運輸工具上班──例如紐約市長彭博或倫敦前市長李文斯頓〔Ken Livingstone〕──其意義即遠大於該舉動本身。）權貴人士乘著司機駕駛的車輛，被車窗玻璃與其統治的地方隔離開來，心中所想的自然都是如何增進自己的移動便利性──方法通常就是興建更多的停車場以及擴增道路的容量。莫斯科最新的綜合發展計畫規劃出該城直至二〇二五年的發展，其中要求在莫斯科市中心興建至少六十幢超過二十層樓的建築以及兩百萬個新車位。為了讓市區內的汽車移動順暢，行人愈來愈被引導至地下道，而不是地面上的行人穿越道。因此，行人若要穿越多線道的大馬路，就得走入地底下的陰暗步道，長度可橫跨數條街。（地下道裡通常滿是小店面，販售著麵包、酒、鎖頭；而且，由於這是後蘇聯時代的俄羅斯，因此也有兜售手機與色情DVD的小販。）為了駕駛人的方便，最新的綜合發展計畫也要求再興建一百座這類地下道，將這座城市的行人全變成穴居人。

快速汽車化造成的塞車雖是全球現象，但在所有擁有新興中產階級的大都市全忙著朝同一個沒有出路的方向走去之際，莫斯科卻是第一座撞上盡頭那道牆的歐洲大城。所幸，莫斯科還藏有一張王牌，就算這座城市的領導人讓街道打結，這張王牌還是能讓市區內的人口繼續移動。只要莫斯科的地鐵得到維護並持續擴張，這座城市就有機會保持流動。所幸，二〇一〇年選出的新任莫斯科市長，已宣布將把既有的地鐵路線延展至市區以外，並將興建第二條環狀線。

最後，我的司機及時將我送達機場。事實上，我還提早到了一個小時。我之所以選搭計程車，是因為當時是凌晨四點，地鐵沒有營運。在莫斯科，大概只有在此時使用道路才不算傻瓜吧。

1 譯注：黎伯瑞斯（Liberace）是一位美國鋼琴家暨歌手，在一九五〇至七〇年代期間曾是全球收入最高的藝人，以豪奢淫靡的生活著稱。

2 自從一九五〇年代以來，就一直流傳著所謂「二號地鐵」的謠言。這套祕密地鐵系統的四條路線據說以克里姆林宮為中心，車站位於地底七百英尺深處，涵蓋二十座地下碉堡與十五座工廠。據傳史達林擁有一個專屬入口，他的爪牙顯然利用這套地鐵在市區內快速移動，讓共產黨員隨時處在恐慌中。傳說指出，二十世紀的每一位蘇聯總理都增建或延展了路線，因此連葉爾辛也能搭乘列車直抵他的別墅。我遇到的部分莫斯科人雖然聽說過二號地鐵的謠言，卻沒有人知道那座地鐵究竟位於何處，也沒有人認識親眼見過那座地鐵的人。此外，他們也無法證實另一項引人好奇的都市傳說：莫斯科有些為數龐大的野狗群已學會搭乘地鐵到食物較多的地方覓食。